Frédéric Bastiat

Protectionisme et communisme

Essai

 Le code de la propriété intellectuelle du 1er juillet 1992 interdit en effet expressément la photocopie à usage collectif sans autorisation des ayants droit. Or, cette pratique s'est généralisée dans les établissements d'enseignement supérieur, provoquant une baisse brutale des achats de livres et de revues, au point que la possibilité même pour les auteurs de créer des œuvres nouvelles et de les faire éditer correctement est aujourd'hui menacée. En application de la loi du 11 mars 1957, il est interdit de reproduire intégralement ou partiellement le présent ouvrage, sur quelque support que ce soit, sans autorisation de l'Éditeur ou du Centre Français d'Exploitation du Droit de Copie , 20, rue Grands Augustins, 75006 Paris.

ISBN : 978-1544882369

10 9 8 7 6 5 4 3 2 1

Frédéric Bastiat

Protectionisme
et communisme

Essai

Table de Matières

Protectionisme et communisme 6

Notes 38

Protectionisme et communisme

À MONSIEUR THIERS.

Monsieur,

Ne soyez point ingrat envers la révolution de Février. Elle vous a surpris, froissé peut-être ; mais aussi elle vous a préparé, comme auteur, comme orateur, comme conseiller intime[1], des triomphes inattendus. Parmi ces succès, il en est un assurément fort extraordinaire. Ces jours derniers on lisait dans *la Presse* :

« L'association pour la défense du travail national (l'ancien comité Mimerel) vient d'adresser à tous ses correspondants une circulaire, pour leur annoncer qu'une souscription est ouverte à l'effet de concourir à la propagation dans les ateliers du livre de M. Thiers sur la Propriété. L'association souscrit elle-même pour 5,000 exemplaires. »

J'aurais voulu être présent quand cette flatteuse annonce est tombée sous vos yeux. Elle a dû y faire briller un éclair de joie railleuse.

On a bien raison de le dire : les voies de Dieu sont aussi infaillibles qu'impénétrables. Car si vous voulez bien m'accorder pour un instant (ce que j'essaierai bientôt de démontrer) que le Protectionisme, en se généralisant, devient Communisme, comme un carpillon devient carpe, pourvu que Dieu lui prête vie, il est déjà assez singulier que ce soit un champion du Protectionisme qui se pose comme le pourfendeur du Communisme ; mais ce qui est plus extraordinaire et plus consolant encore, c'est qu'une puissante association, qui s'était formée pour propager théoriquement et pratiquement le principe communiste (dans la mesure qu'elle jugeait profitable à ses membres), consacre aujourd'hui la moitié de ses ressources à détruire le mal qu'elle a fait avec l'autre moitié.

Je le répète, c'est là un spectacle consolant. Il nous rassure sur l'inévitable triomphe de la vérité, puisqu'il nous montre les vrais et premiers propagateurs des doctrines subversives, effrayés de leurs succès, élaborer maintenant le contre-poison et le poison dans la même officine.

Frédéric Bastiat

Ceci suppose, il est vrai, l'identité du principe Communiste et du principe Prohibitioniste, et peut-être n'admettez-vous pas cette identité, quoique à vrai dire, il ne me paraît pas possible que vous ayez pu, sans en être frappé, écrire quatre cents pages sur la Propriété. Peut-être pensez-vous que quelques efforts consacrés à la liberté commerciale ou plutôt au *Libre-Échange*, l'impatience d'une discussion sans résultat, l'ardeur du combat, la vivacité de la lutte m'ont fait voir, comme cela ne nous arrive que trop souvent à nous autres polémistes, les erreurs de mes adversaires à travers un verre grossissant. Sans doute, c'est mon imagination, afin d'en avoir plus facilement raison, qui gonfle la théorie du *Moniteur industriel* aux proportions de celle du *Populaire*. Quelle apparence que de grands manufacturiers, d'honnêtes propriétaires, de riches banquiers, d'habiles hommes d'État se soient faits, sans le savoir et sans le vouloir, les initiateurs, les apôtres du Communisme en France ? — Et pourquoi pas, je vous prie ? Il y a bien des ouvriers, pleins d'une foi sincère dans le *droit au travail*, par conséquent communistes sans le savoir, sans le vouloir, qui ne souffriraient pas qu'on les considérât comme tels. La raison en est que, dans toutes les classes, l'intérêt incline la volonté, et la volonté, comme dit Pascal, est le principal organe de la créance. Sous un autre nom, beaucoup d'industriels, fort honnêtes gens d'ailleurs, font du Communisme comme on en fait toujours, c'est-à-dire à la condition que le bien d'autrui sera seul mis en partage. Mais sitôt que, le principe gagnant du terrain, il s'agit de livrer aussi au partage leur propre bien, oh ! alors le Communisme leur fait horreur. Ils répandaient le *Moniteur industriel*, maintenant ils propagent le livre de la Propriété. Pour s'en étonner, il faudrait ignorer le cœur humain, ses ressorts secrets, et combien il a de pente à se faire habile casuiste.

Non, Monsieur, ce n'est pas la chaleur de la lutte qui m'a fait voir sous ce jour la doctrine prohibitioniste, car c'est au contraire parce que je la voyais sous ce jour, avant la lutte, que je me suis engagé[2]. Veuillez me croire ; étendre quelque peu notre commerce extérieur, résultat accessoire qui n'est certes pas à dédaigner, ce ne fut jamais mon motif déterminant. J'ai cru et crois encore que la Propriété est engagée dans la question. J'ai cru et je crois encore que notre tarif douanier, à cause de l'esprit qui lui a donné naissance et des arguments par lesquels on le défend, a fait au principe même de la Propriété une brèche par laquelle tout le reste de notre législation menace de passer.

En considérant l'état des esprits, il m'a semblé qu'un Communisme qui, je dois le dire pour être juste, n'a pas la conscience de lui-même et de sa portée, était sur le point de nous déborder. Il m'a semblé que ce Communisme-là (car il y en a de plusieurs espèces) se prévalait très-logiquement de l'argumentation prohibitioniste et se bornait à en presser les déductions. C'est donc sur ce terrain qu'il m'a paru utile de le combattre ; car puisqu'il s'armait de sophismes propagés par le comité Mimerel, il n'y avait pas espoir de le vaincre tant que ces sophismes resteraient debout et triomphants dans la conscience publique. C'est à ce point de vue que nous nous sommes placés à Bordeaux, à Paris, à Marseille, à Lyon, quand nous avons fondé l'Association du LIBRE-ÉCHANGE. La liberté commerciale, considérée en elle-même, est sans doute pour les peuples un bien précieux ; mais enfin, si nous n'avions eu qu'elle en vue, nous aurions donné à notre association le titre d'*Association pour la liberté commerciale*, ou, plus politiquement encore, *pour la réforme graduelle des tarifs*. Mais le mot *Libre-Échange* implique *libre disposition du fruit de son travail*, en d'autres termes *Propriété*, et c'est pour cela que nous l'avons préféré[3]. Certes, nous savions que ce mot nous susciterait bien des difficultés. Il affirmait un principe, et, dès lors, il devait ranger parmi nos adversaires tous les partisans du principe opposé. Bien plus, il répugnait extrêmement aux hommes même les mieux disposés à nous seconder, c'est-à-dire aux négociants, plus préoccupés alors de réformer la douane que de vaincre le Communisme. Le Havre, tout en sympathisant à nos vues, refusa d'adopter notre bannière. De toute part on me disait : « Nous obtiendrons plutôt quelques adoucissements à notre tarif en n'affichant pas des prétentions absolues. » Je répondais : Si vous n'avez que cela en vue, agissez par vos chambres de commerce. On me disait encore : « Le mot *Libre-Échange* effraie et éloigne le succès. » Rien n'était plus vrai ; mais je tirais de l'effroi même causé par ce mot mon plus fort argument pour son adoption. Plus il épouvante, disais-je, plus cela prouve que la notion de Propriété s'efface des esprits. La doctrine Prohibitioniste à faussé les idées, et les fausses idées ont produit la Protection. Obtenir par surprise ou par le bon vouloir du ministre une amélioration accidentelle du tarif, c'est pallier un effet, non détruire une cause. Je maintins donc le mot *Libre-Échange*, non en dépit, mais en raison des obstacles qu'il devait nous créer ; obstacles qui, révélant la maladie des esprits, étaient la preuve certaine que les bases mêmes de l'ordre social étaient menacées.

Il ne suffisait pas de signaler notre but par un mot ; il fallait encore le définir. C'est ce que nous fîmes et je transcris ici, comme pièce à l'appui, le premier acte ou le manifeste de cette association.

Au moment de s'unir pour la défense d'une grande cause, les soussignés sentent le besoin d'exposer leur *croyance* ; de proclamer le *but*, la *limite*, les *moyens* et l'*esprit* de leur association.

L'ÉCHANGE est un droit naturel comme la PROPRIÉTÉ. Tout citoyen qui a créé ou acquis un produit doit avoir l'option ou de l'appliquer immédiatement à son usage, ou de le céder à quiconque, sur la surface du globe, consent à lui donner en échange l'objet qu'il préfère. Le priver de cette faculté, quand il n'en fait aucun usage contraire à l'ordre public et aux bonnes mœurs, et uniquement pour satisfaire la convenance d'un autre citoyen, c'est légitimer une spoliation, c'est blesser la loi de la Justice.

C'est encore violer les conditions de l'Ordre ; car quel ordre peut exister au sein d'une société où chaque industrie, aidée en cela par la loi et la force publique, cherche ses succès dans l'oppression de toutes les autres ?

C'est méconnaître la pensée providentielle qui préside aux destinées humaines, manifestée par l'infinie variété des climats, des saisons, des forces naturelles et des aptitudes, biens que Dieu n'a si inégalement répartis entre les hommes que pour les unir, par l'échange, dans les liens d'une universelle fraternité.

C'est contrarier le développement de la prospérité publique, puisque celui qui n'est pas libre d'*échanger* ne l'est pas de choisir son travail, et se voit contraint de donner une fausse direction à ses efforts, à ses facultés, à ses capitaux, et aux agents que la nature avait mis à sa disposition.

Enfin, c'est compromettre la paix entre les peuples ; car c'est briser les relations qui les unissent et qui rendent les guerres impossibles, à force de les rendre onéreuses.

L'Association a donc pour but la Liberté des Échanges.

Les soussignés ne contestent pas à la société le droit d'établir, sur les marchandises qui passent la frontière, des taxes destinées aux dépenses communes, pourvu qu'elles soient déterminées par la seule considération des besoins du Trésor.

Mais sitôt que la taxe, perdant son caractère fiscal, a pour but de repousser le produit étranger, au détriment du fisc lui-même, afin d'exhausser artificiellement le prix du produit national similaire, et de rançonner ainsi la communauté au profit d'une classe, dès cet instant la Protection ou plutôt la Spoliation se manifeste, et *c'est là* le principe que l'Association aspire à ruiner dans les esprits et à effacer complètement de nos lois, indépendamment de toute réciprocité et des systèmes qui prévalent ailleurs.

De ce que l'Association poursuit la destruction complète du régime protecteur, il ne s'ensuit pas qu'elle demande qu'une telle réforme s'accomplisse en un jour, et sorte d'un seul scrutin. Même pour revenir du mal au bien et d'un état de choses artificiel à une situation naturelle, des précautions peuvent être commandées par la prudence. Ces détails d'exécution appartiennent aux pouvoirs de l'État ; la mission de l'Association est de propager, de populariser le Principe.

Quant aux moyens qu'elle entend mettre en œuvre, jamais elle ne les cherchera ailleurs que dans les voies constitutionnelles et légales.

Enfin l'Association se place en dehors de tous les partis politiques. Elle ne se met au service d'aucune industrie, d'aucune classe, d'aucune portion du territoire. Elle embrasse la cause de l'éternelle justice, de la paix, de l'union, de la libre communication, de la fraternité entre tous les hommes, la cause de l'intérêt général, qui se confond partout, et sous tous les aspects, avec celle du *Public consommateur*.

Y a-t-il un mot dans ce programme qui ne révèle le désir ardent de raffermir ou même de rétablir dans les esprits la notion de Propriété, pervertie par le Régime Restrictif ? N'est-il pas évident que l'intérêt commercial y est au second plan et l'intérêt social au premier ? Remarquez que le tarif, en lui-même, bon ou mauvais au point de vue administratif ou fiscal, nous occupe peu. Mais sitôt qu'il agit *intentionnellement* dans le sens protecteur, c'est-à-dire sitôt qu'il manifeste une pensée de spoliation et la négation, en principe, du droit de Propriété, nous le combattons non comme tarif, mais comme système. C'EST LÀ, disons-nous, la pensée que nous nous efforcerons de ruiner dans les intelligences afin de la faire disparaître de nos lois.

On demandera sans doute pourquoi, ayant en vue une question générale de cette importance, nous avons circonscrit la lutte sur le terrain d'une question spéciale.

La raison en est simple. Il fallait opposer association à association, engager des intérêts et des soldats dans notre armée. Nous savions bien qu'entre Prohibitionistes et Libres-Échangistes la polémique ne peut se prolonger sans remuer et, à la fin, résoudre toutes les questions morales, politiques, philosophiques, économiques qui se rattachent à la Propriété ; et puisque le comité Mimerel, en ne s'occupant que d'un but spécial, avait compromis ce principe, nous devions espérer relever ce principe en poursuivant, nous aussi, le but spécial opposé.

Mais qu'importe ce que j'ai pu dire ou penser en d'autres temps ? Qu'importe que j'aie aperçu ou cru apercevoir une certaine connexité entre le Protectionisme et le Communisme ? L'essentiel est de savoir si cette connexité existe. C'est ce que je vais examiner.

Vous vous rappelez sans doute le jour où, avec votre habileté ordinaire, vous fîtes arriver sur les lèvres de M. Proudhon cet aveu devenu célèbre : « Donnez-moi Le Droit au travail, et je vous abandonne le Droit de propriété. » M. Proudhon ne cachait pas qu'à ses yeux ces deux Droits sont incompatibles.

Si la Propriété est incompatible avec le Droit au travail, et si le Droit au travail est fondé sur le même principe que la Protection, qu'en devrons-nous conclure, sinon que la Protection est elle-même incompatible avec la Propriété ? En géométrie on regarde comme une vérité incontestable que deux choses égales à une troisième sont égales entre elles.

Or, il est arrivé qu'un orateur éminent, M. Billault, a cru devoir soutenir à la tribune le Droit au travail. Cela n'était pas facile en présence de l'aveu échappé à M. Proudhon. M. Billault comprenait fort bien que faire intervenir l'État pour pondérer les fortunes et niveler les situations, c'est se mettre sur la pente du Communisme ; et qu'a-t-il dit pour déterminer l'Assemblée nationale à violer la propriété et son principe ? Il vous a dit tout simplement que ce qu'il vous demandait de faire vous le faisiez déjà par vos tarifs. Sa prétention ne va pas au delà d'une application un peu plus large de doctrines par vous admises et appliquées. Voici ses paroles :

Portez vos regards sur nos tarifs de douane ; par leurs prohibitions, leurs taxes différentielles, leurs primes, leurs combinaisons de tous genres, c'est la société qui aide, qui soutient, qui retarde ou avance toutes les combinaisons du travail national (très-bien) ; elle ne tient pas seulement la balance entre le travail français, qu'elle protége, et le travail étranger, mais, sur le sol de la patrie, les diverses industries la voient encore, et sans cesse, intervenir entre elles. Entendez devant son tribunal les réclamations perpétuelles des unes contre les autres ; voyez, par exemple, les industries qui emploient le fer se plaignant de la protection accordée au fer français contre le fer étranger ; celles qui emploient le lin ou le coton filés protestant contre la protection accordée au fil français, contre l'exclusion du fil étranger, et ainsi des autres. La société (*il fallait dire le gouvernement*) se trouve donc forcément mêlée à toutes les luttes, à tous les embarras du travail ; elle y intervient activement tous les jours, directement, indirectement, et la première fois que vous aurez des questions de douane, vous le verrez, vous serez, bon gré mal gré, forcés de prendre fait et cause, et de faire par vous-mêmes la part de tous les intérêts.

Ce ne saurait donc être une objection contre la dette de la société envers le travailleur dénué, que cette nécessité qu'elle créerait au gouvernement d'intervenir dans la question du travail.

Et veuillez bien remarquer que M. Billault, dans son argumentation, n'a nullement eu la pensée de vous infliger une sanglante ironie. Ce n'est pas un Libre-Échangiste déguisé se complaisant à rendre palpable l'inconséquence des Protectionistes. Non, M. Billault est lui-même protectioniste *bonâ fide*. Il aspire au nivellement des fortunes par la Loi. Dans cette voie, il juge l'action des tarifs utile ; et rencontrant comme obstacle le Droit de propriété, il saute par-dessus, comme vous faites. On lui montre ensuite le Droit au travail qui est un second pas dans la même voie. Il rencontre encore comme obstacle le Droit de propriété ; il saute encore par-dessus. Mais, se retournant, il est tout surpris de voir que vous ne le suivez plus. Il vous en demande le motif. Si vous lui répondiez : J'admets en principe que la loi peut violer la propriété, mais je trouve inopportun qu'elle le fasse sous la forme du Droit au travail ; M. Billault vous comprendrait, et discuterait avec vous cette question secondaire d'opportunité. Mais vous lui opposez le Principe même de la Propriété. Cela l'étonne et il se croit en droit de vous dire : Ne faites pas aujourd'hui le bon apôtre, et si vous repoussez le Droit au travail, que ce ne soit pas au moins en vous fondant sur le Droit de Propriété, puisque ce Droit vous le violez par vos tarifs quand cela vous convient. Il pourrait ajouter avec quelque raison : Par les tarifs protecteurs vous violez souvent la propriété du pauvre au profit du riche. Par le Droit au travail vous violeriez la propriété du riche à l'avantage du pauvre. Par quel malheur le scrupule s'empare-t-il si tard de vous[4] ?

Entre M. Billault et vous il n'y a donc qu'une différence. Tous deux vous cheminez dans la même voie, celle du Communisme. Seulement, vous n'y avez fait qu'un pas, et il en a fait deux. Sous ce rapport, l'avantage, à mes yeux du moins, est de votre côté. Mais vous le perdez du côté de la logique. Car, puisque vous marchez comme lui, le dos tourné à la Propriété, il est au moins fort plaisant que vous vous posiez comme son chevalier. C'est une inconséquence que M. Billault a su éviter. Mais, hélas ! c'est pour tomber, lui aussi, dans une triste logomachie ! M. Billault est trop éclairé pour ne pas sentir, au moins confusément, le danger de chacun de ses pas dans une voie qui aboutit au Communisme. Il ne se donne pas le ridicule de se poser en champion de la Propriété au moment où il la viole ; mais qu'imagine-t-il pour se justifier ? Il invoque l'axiome favori de quiconque veut concilier deux choses inconciliables : *Il n'y a pas de principes*. Propriété, Communisme, prenons un peu partout, selon la circonstance.

« À mon sens, le pendule de la civilisation, qui oscille de l'un à l'autre principe, selon les besoins du moment, mais qui s'en va toujours marinant un progrès de plus, après avoir fortement incliné vers la liberté absolue de l'individualisme, revient vers la nécessité de l'action gouvernementale. »

Il n'y a donc rien de vrai dans le monde, il n'y a pas de principes puisque *le pendule doit osciller d'un principe à l'autre selon les besoins du moment.* Ô métaphore, où nous conduirais-tu, si l'on te laissait faire[5] !

Ainsi que vous le disiez fort judicieusement à la tribune, on ne peut pas dire — encore moins écrire — tout à la fois. Il doit être bien entendu que je n'examine pas ici le côté économique du régime protecteur ; je ne recherche pas encore si, au point de vue de la richesse nationale, il fait plus de bien que de mal ou plus de mal que de bien. Le seul point que je veux prouver c'est qu'il n'est autre chose qu'une manifestation du Communisme. MM. Billault et Proudhon ont commencé la démonstration. Je vais essayer de la compléter.

Et d'abord que faut-il entendre par *Communisme ?* Il y a plusieurs manières, sinon de réaliser la communauté des biens, du moins de le tenter. M. de Lamartine en comptait quatre. Vous pensez qu'il y en a mille et je suis de votre avis. Cependant je crois que toutes peuvent rentrer dans trois catégories générales, dont une seule, selon moi, offre de véritables dangers.

Premièrement, deux ou plusieurs hommes peuvent imaginer de mettre leur travail et leur vie en commun. Tant qu'ils ne cherchent ni à troubler la sécurité, ni à restreindre la liberté, ni à usurper la propriété d'autrui, ni directement ni indirectement, s'ils font du mal ils se le font à eux-mêmes. La tendance de ces hommes sera toujours d'aller poursuivre dans de lointains déserts la réalisation de leur rêve. Quiconque a réfléchi sur ces matières sait que les malheureux périront à la peine, victimes de leurs illusions. De nos jours, les communistes de cette espèce ont donné à leur chimérique Élysée le nom d'Icarie, comme s'ils avaient eu le triste pressentiment du dénouement affreux vers lequel on les précipite. Nous devons gémir sur leur aveuglement, nous devrions les avertir s'ils étaient en état de nous entendre, mais la société n'a rien à redouter de leurs chimères.

Une autre forme du Communisme, et assurément la plus brutale, c'est celle-ci : Faire une masse de toutes les valeurs existantes et partager *ex æquo*. C'est la spoliation devenue règle dominante et universelle. C'est la destruction non-seulement de la Propriété, mais encore du travail et du mobile même qui détermine l'homme à travailler. Ce Communisme-là est si violent, si absurde, si monstrueux, qu'en vérité je ne puis le croire dangereux. C'est ce que je disais, il y a quelque temps, devant une assemblée considérable d'électeurs appartenant en grande majorité aux classes souffrantes. Une explosion de murmures accueillit mes paroles.

J'en témoignai ma surprise. « Quoi ! disait-on, M. Bastiat ose dire que le Communisme n'est pas dangereux ! Il est donc communiste ! Eh bien, nous nous en doutions, car communistes, socialistes, économistes, ce sont fils de même lignage, comme c'est prouvé par la rime. » J'eus quelque peine à me tirer de ce mauvais pas. Mais cette interruption même prouvait la vérité de ma proposition. Non, le Communisme n'est pas dangereux quand il se montre dans sa forme la plus naïve, celle de la pure et simple spoliation ; il n'est pas dangereux puisqu'il fait horreur.

Je me hâte de dire que si le Protectionisme peut être et doit être assimilé au Communisme, ce n'est pas à celui que je viens de décrire.

Mais le Communisme revêt une troisième forme.

Faire intervenir l'État, lui donner pour mission de pondérer les profits et d'équilibrer les fortunes, en prenant aux uns, sans consentement, pour donner aux autres, sans rétribution, le charger de réaliser l'œuvre du nivellement par voie de spoliation, assurément c'est bien là du Communisme. Les procédés employés par l'État, dans ce but, non plus que les beaux noms dont on décore cette pensée, n'y font rien. Qu'il en poursuive la réalisation par des moyens directs ou indirects, par la restriction ou par l'impôt, par les tarifs ou par le Droit au travail ; qu'il la place sous l'invocation de l'égalité, de la solidarité, de la fraternité, cela ne change pas la nature des choses ; le pillage des propriétés n'en est pas moins du pillage parce qu'il s'accomplit avec régularité, avec ordre, systématiquement et par l'action de la loi.

J'ajoute que c'est là, à notre époque, le Communisme vraiment dangereux. Pourquoi ? Parce que, sous cette forme, nous le voyons incessamment prêt à tout envahir. Et voyez ! l'un demande que l'État fournisse gratuitement aux artisans, aux laboureurs des *instruments de travail* ; c'est l'inviter à les ravir à d'autres artisans et laboureurs. L'autre veut que l'État prête sans intérêt ; il ne le peut faire sans violer la propriété. Un troisième réclame l'éducation gratuite à tous les degrés ; gratuite ! cela veut dire : aux dépens des contribuables. Un quatrième exige que l'État subventionne les associations d'ouvriers, les théâtres, les artistes, etc. Mais ces subventions, c'est autant de valeur soustraite à ceux qui l'avaient légitimement gagnée. Un cinquième n'a pas de repos que l'État n'ait fait artificiellement hausser le prix d'un produit pour l'avantage de celui qui le vend ; mais c'est au détriment de celui qui l'achète. Oui, sous cette forme, il est bien peu de personnes qui, une fois ou autre, ne soient communistes. Vous l'êtes, M. Billault l'est, et je crains qu'en France nous ne le soyons tous à quelque degré. Il semble que l'intervention de l'État nous réconcilie avec la spoliation, en en rejetant la responsabilité sur tout le monde, c'est-à-dire sur personne, ce qui fait qu'on jouit du bien d'autrui en parfaite tranquillité de conscience. Cet honnête M. Tourret, un des hommes les plus probes qui se soient jamais assis sur les bancs ministériels, ne commençait-il pas ainsi son exposé des motifs du projet de loi sur les avances à l'agriculture ? « Il ne suffit pas de donner l'instruction pour cultiver les arts, il faut encore fournir les instruments de travail. » Après ce préambule, il soumet à l'Assemblée nationale un projet de loi dont le premier article est ainsi conçu :

Art. 1er. Il est ouvert, sur le budget de 1849, au ministre de l'agriculture et du commerce, un crédit de 10 millions destiné à faire des avances aux propriétaires et associations de propriétaires de fonds ruraux.

Avouez que si la langue législative se piquait d'exactitude, l'article devrait être ainsi rédigé :

Le ministre de l'agriculture et du commerce est autorisé, pendant l'année 1849, à prendre 10 millions dans la poche des laboureurs qui en ont grand besoin et *à qui ils appartiennent*, pour les verser dans la poche d'autres laboureurs qui en ont également besoin et *à qui ils n'appartiennent pas*.

N'est-ce pas là un fait communiste, et en se généralisant ne constitue-t-il pas le Communisme ?

Tel manufacturier, qui se laisserait mourir plutôt que de dérober une obole, ne se fait pas le moindre scrupule de porter à la législature cette requête : « Faites une loi qui élève le prix de mon drap, de mon fer, de ma houille, et me mette à même de rançonner mes acheteurs. » Comme le motif sur lequel il se fonde est qu'il n'est pas content de son gain, tel que le fait l'échange libre ou le libre-échange (ce que je déclare être la même chose, quoi qu'on en dise), comme, d'un autre côté, nous sommes tous mécontents de notre gain et disposés à invoquer la législature, il est clair, du moins à mes yeux, que si elle ne se hâte de répondre : « Cela ne me regarde pas ; je ne suis pas chargée de violer les propriétés, mais de les garantir, » il est clair, dis-je, que nous sommes en plein Communisme. Les moyens d'exécution mis en œuvre par l'État peuvent différer, mais ils ont le même but et se rattachent au même principe.

Supposez que je me présente à la barre de l'Assemblée nationale, et que je dise : J'exerce un métier, et je ne trouve pas que mes profits soient suffisants. C'est pourquoi je vous prie de faire un décret qui autorise MM. les percepteurs à prélever, à mon profit, seulement un pauvre petit centime sur chaque famille française. — Si la législature accueille ma demande, on pourra, si l'on veut, ne voir là qu'un fait isolé de spoliation légale, qui ne mérite pas encore le nom de Communisme. Mais si tous les Français, les uns après les autres, viennent faire la même supplique, et si la législature les examine dans le but avoué de réaliser l'égalité des fortunes, c'est dans ce principe, suivi d'effets, que je vois et que vous ne pouvez vous empêcher de voir le Communisme.

Que pour réaliser sa pensée la législature se serve du douanier ou du percepteur, de la contribution directe ou de l'impôt indirect, de la restriction ou de la prime, peu importe. Se croit-elle autorisée à *prendre* et à *donner* sans compensation ? Croit-elle que sa mission est d'équilibrer les profits ? Agit-elle en conséquence de cette croyance ? Le gros du public approuve-t-il, provoque-t-il cette façon d'agir ? En ce cas, je dis que nous sommes sur la pente du Communisme, soit que nous en ayons ou non la conscience.

Et si l'on me dit : L'État n'agit point ainsi en faveur de tout le monde, mais seulement en faveur de quelques classes, je répondrai : Alors il a trouvé le moyen d'empirer le communisme lui-même.

Je sens, Monsieur, qu'on peut jeter du doute sur ces déductions, à l'aide d'une confusion fort facile. On me citera des faits administratifs très-légitimes, des cas où l'intervention de l'État est aussi équitable qu'utile ; puis, établissant une apparente analogie entre ces cas et ceux contre lesquels je me récrie, on me mettra dans mon tort, on me dira : Ou vous ne devez pas voir le Communisme dans la Protection, ou vous devez le voir dans toute action gouvernementale.

C'est un piége dans lequel je ne veux pas tomber. C'est pourquoi je suis obligé de rechercher quelle est la circonstance précise qui imprime à l'intervention de l'État le caractère communiste.

Quelle est la mission de l'État ? Quelles sont les choses que les citoyens doivent confier à la force commune ? quelles sont celles qu'ils doivent réserver à l'activité privée ? Répondre à ces questions, ce serait faire un cours de politique. Heureusement je n'en ai pas besoin pour résoudre le problème qui nous occupe.

Quand les citoyens, au lieu de se rendre à eux-mêmes un Service, le transforment en Service public, c'est-à-dire quand ils jugent à propos de se cotiser pour faire exécuter un travail ou se procurer une satisfaction *en commun,* je n'appelle pas cela du *Communisme,* parce que je n'y vois pas ce qui fait son cachet spécial : *le nivellement par voie de spoliation.* L'État *prend,* il est vrai, par l'Impôt, mais *rend* par le Service. C'est une forme particulière, mais légitime, de ce fondement de toute société, l'*échange.* Je vais plus loin. En confiant un service spécial à l'État, les citoyens peuvent faire une bonne ou une mauvaise opération. Ils la font bonne si, par ce moyen, le service est fait avec plus de perfection et d'économie. Elle est mauvaise dans l'hypothèse contraire ; mais, dans aucun cas, je ne vois apparaître le principe communiste. Dans le premier, les citoyens ont réussi ; dans le second, ils se sont trompés, voilà tout ; et si le Communisme est une erreur, il ne s'ensuit pas que toute erreur soit du Communisme.

Les économistes sont en général très-défiants à l'endroit de l'intervention gouvernementale. Ils y voient des inconvénients de toute sorte, une dépression de la liberté, de l'énergie, de la prévoyance et de l'expérience individuelles, qui sont le fonds le plus précieux des sociétés. Il leur arrive donc souvent de combattre cette intervention. Mais ce n'est pas du tout du même point de vue et par le même motif qui leur fait repousser la Protection. Qu'on ne se fasse donc pas un argument contre nous de notre prédilection, trop prononcée peut-être, pour la liberté, et qu'on ne dise pas : Il n'est pas surprenant que ces messieurs repoussent le régime protecteur, car ils repoussent l'intervention de l'État en toutes choses.

D'abord, il n'est pas vrai que nous la repoussions en toutes choses. Nous admettons que c'est la mission de l'État de maintenir l'ordre, la sécurité, de faire respecter les personnes et les propriétés, de réprimer les fraudes et les violences. Quant aux services qui ont un caractère, pour ainsi parler, industriel, nous n'avons pas d'autre règle que celle-ci : que l'État s'en charge s'il en doit résulter pour la masse une économie de forces. Mais, pour Dieu, que, dans le calcul, on fasse entrer en ligne de compte tous les inconvénients innombrables du travail monopolisé par l'État.

Ensuite, je suis forcé de le répéter, autre chose est de voter contre une nouvelle attribution faite à l'État sur le fondement que, tout calcul fait, elle est désavantageuse et constitue une perte nationale ; autre chose est de voter contre cette nouvelle attribution parce qu'elle est illégitime, spoliatrice, et qu'elle donne pour mission au gouvernement de faire précisément ce que sa mission rationnelle est d'empêcher et de punir. Or, nous avons contre le Régime dit Protecteur ces deux natures d'objections, mais la dernière l'emporte de beaucoup dans notre détermination de lui faire, bien entendu par les voies légales, une guerre acharnée.

Ainsi, qu'on soumette, par exemple, à un conseil municipal la question de savoir s'il vaut mieux laisser chaque famille envoyer chercher sa provision d'eau à un quart de lieue, ou s'il est préférable que l'autorité prélève une cotisation pour faire venir l'eau sur la place du village ; je n'aurai aucune objection de *principe* à faire à l'examen de cette question. Le calcul des avantages et des inconvénients pour tous sera le seul élément de la décision. On pourra se tromper dans ce calcul, mais l'erreur même qui entraînera une perte de propriété, ne constituera pas une violation systématique de la propriété.

Mais que M. le maire propose de fouler une industrie pour le profit d'une autre, d'interdire les sabots pour l'avantage des cordonniers, ou quelque chose d'analogue ; alors je lui dirai qu'il ne s'agit plus ici d'un calcul d'avantages et d'inconvénients, il s'agit d'une perversion de l'autorité, d'un détournement abusif de la force publique ; je lui dirai : Vous qui êtes dépositaire de l'autorité et de la force publiques pour châtier la spoliation, comment osez-vous appliquer l'autorité et la force publiques à protéger et systématiser la spoliation ?

Que si la pensée de M. le maire triomphe, si je vois, par suite de ce précédent, toutes les industries du village s'agiter pour solliciter des faveurs aux dépens les unes des autres, si, au milieu de ce tumulte d'ambitions sans scrupule, je vois sombrer jusqu'à la notion même de Propriété, il me sera bien permis de penser que, pour la sauver du naufrage, la première chose à faire est de signaler ce qu'il y a d'inique dans la mesure qui a été le premier anneau de cette chaîne déplorable.

Il ne me serait pas difficile, Monsieur, de trouver dans votre ouvrage des passages qui vont à mon sujet et corroborent mes vues. À vrai dire, il me suffirait de l'ouvrir au hasard. Oui, si, renouvelant un jeu d'enfant, j'enfonçais une épingle dans ce livre, je trouverais, à la page indiquée par le sort, la condamnation implicite où explicite du Régime Protecteur, la preuve de l'identité de ce régime, en principe, avec le Communisme. Et pourquoi ne ferais-je pas cette épreuve ? Bon, m'y voilà. L'épingle a désigné la page 283 ; j'y lis :

« C'est donc une grave erreur que de s'en prendre à la concurrence, et de n'avoir pas aperçu que si le peuple est producteur, il est consommateur aussi, et que recevant moins d'un côté (ce que je nie, et vous le niez vous-même quelques lignes plus bas), payant moins de l'autre, reste alors, au profit de tous, la différence d'un système qui retient l'activité humaine, à un système qui la lance à l'infini dans la carrière en lui disant de ne s'arrêter jamais. »

Je vous défie de dire que ceci ne s'applique pas aussi bien à la concurrence qui se fait par-dessus la Bidassoa qu'à celle qui se fait par-dessus la Loire. — Donnons encore un coup d'épingle. C'est fait ; nous voici à la page 325.

« Les droits sont on ne sont pas : s'ils sont, ils entraînent des conséquences absolues... Il y a plus, si le droit est, il est de tous les instants ; il est entier aujourd'hui, hier, demain, après-demain, en été comme en hiver, non pas quand il vous plaira de le déclarer en vigueur, mais quand il plaira à l'ouvrier de l'invoquer ! »

Soutiendrez-vous qu'un maître de forges a le droit indéfini, perpétuel, de m'empêcher de produire indirectement deux quintaux de fer dans mon usine, qui est une vigne, pour l'avantage d'en produire directement un seul dans son usine, qui est une forge ? Ce droit aussi est ou n'est pas. S'il est, il est entier aujourd'hui, hier, demain, après demain, en été comme en hiver, non pas quand il vous plaira de le déclarer en vigueur, mais quand il plaira au *maître de forges* de l'invoquer !

Tentons encore le sort. Il nous désigne la page 63 ; j'y lis cet aphorisme :

« La Propriété n'est pas, si je ne puis la *donner* aussi bien que la *consommer*. »

Nous disons, nous : « La Propriété n'est pas, si je ne puis l'*échanger* aussi bien que la *consommer*. » Et permettez-moi d'ajouter que le *droit d'échanger* est au moins aussi précieux, aussi socialement important, aussi caractéristique de la propriété que le *droit de donner*. Il est à regretter que dans un ouvrage destiné à examiner la propriété sous tous ses aspects, vous ayez cru devoir consacrer deux chapitres au Don, qui n'est guère en péril, et pas une ligne à l'Échange, si impudemment violé sous l'autorité même des lois du pays.

Encore un coup d'épingles. Ah ! il nous met à la page 47.

« L'homme a une première propriété dans sa personne et ses facultés. Il en a une seconde, moins adhérente à son être, mais non moins sacrée, dans le produit de ces facultés qui embrasse tout ce qu'on appelle les biens de ce monde, et que la société est intéressée au plus haut point à lui GARANTIR, car, sans cette garantie, point de travail, sans travail, pas de civilisation, pas même le nécessaire, mais la misère, le brigandage et la barbarie. »

Eh bien, Monsieur, dissertons, si vous le voulez, sur ce texte.

Comme vous, je vois la propriété d'abord dans la *libre disposition* de la personne, ensuite des facultés, enfin du produit des facultés, ce qui prouve, pour le dire en passant, qu'à un certain point de vue, Liberté et Propriété se confondent.

À peine oserais-je dire, comme vous, que la Propriété du produit de nos facultés est moins adhérente à notre être que celle de ces facultés elles-mêmes. Matériellement, cela est incontestable ; mais qu'on prive un homme de ses facultés ou de leur produit, le résultat est le même, et ce résultat s'appelle *Esclavage*. Nouvelle preuve d'une identité de nature entre la Liberté et la Propriété. Si je fais tourner par force tout le travail d'un homme à mon profit, cet homme est mon esclave. Il l'est encore si, le laissant travailler librement, je trouve le moyen, par force ou par ruse, de m'emparer du fruit de son travail. Le premier genre d'oppression est plus odieux, le second est plus habile. Comme on a remarqué que le travail libre est plus intelligent et plus productif, les maîtres se sont dit : N'usurpons pas directement les facultés de nos esclaves, mais accaparons le produit plus riche de leurs facultés libres, et donnons à cette forme nouvelle de servitude le beau nom de *protection*.

Vous dites encore que la société est intéressée à *garantir* la propriété. Nous sommes d'accord ; seulement je vais plus loin que vous, et si par la *société* vous entendez le *gouvernement*, je dis que sa seule mission, en ce qui concerne la propriété, est de la *garantir* ; que s'il essaie de la *pondérer*, par cela même, au lieu de la garantir, il la viole. Ceci mérite d'être examiné.

Quand un certain nombre d'hommes, qui ne peuvent vivre sans travail et sans propriétés, se cotisent pour solder une *force commune*, évidemment ils ont pour but de travailler et de jouir du fruit de leur travail en toute sécurité, et non point de mettre leurs facultés et propriétés à la merci de cette force. Même avant toute forme de gouvernement régulier, je ne crois pas qu'on puisse contester aux individualités le *droit de défense*, le droit de défendre leurs personnes, leurs facultés et leurs biens.

Sans prétendre philosopher ici sur l'origine et l'étendue des droits des gouvernements, vaste sujet bien propre à effrayer ma faiblesse, permettez-moi de vous soumettre une idée. Il me semble que les droits de l'État ne peuvent être que la régularisation de droits personnels *préexistants*. Je ne puis, quant à moi, concevoir un *droit collectif* qui n'ait sa racine dans le *droit individuel* et ne le suppose. Donc, pour savoir si l'État est légitimement investi d'un droit, il faut se demander si ce droit réside dans l'individu en vertu de son organisation et en l'absence de tout gouvernement. C'est sur cette idée que je repoussais, il y a quelques jours, le droit au travail. Je disais : Puisque Pierre n'a pas le droit d'exiger directement de Paul que celui-ci lui donne du travail, il n'est pas davantage fondé à exercer ce prétendu droit par l'intermédiaire de l'État, car l'État n'est que la *force commune* créée par Pierre et par Paul, à leurs frais, dans un but déterminé, lequel ne saurait jamais être de rendre juste ce qui ne l'est pas. C'est à cette pierre de touche que je juge aussi entre la *garantie* et la *pondération* des propriétés par l'État. Pourquoi l'État a-t-il le droit de *garantir*, même par force, à chacun sa Propriété ? Parce que ce droit préexiste dans l'individu. On ne peut contester aux individualités, le *droit de légitime défense*, le droit d'employer la force au besoin pour repousser les atteintes dirigées contre leurs personnes, leurs facultés et leurs biens. On conçoit que ce droit individuel, puisqu'il réside en tous les citoyens, puisse revêtir la forme collective et légitimer la *force commune*. Et pourquoi l'État n'a-t-il pas le droit de *pondérer* les propriétés ? Parce que pour les pondérer il faut les ravir aux uns et en gratifier les autres. Or, aucun des trente millions de Français n'ayant le droit de prendre, par force, sous prétexte d'arriver à l'égalité, on ne voit pas comment ils pourraient investir de ce droit la *force commune*.

Et remarquez que le droit de *pondération* est destructif du droit de *garantie*. Voilà des sauvages. Ils n'ont pas encore fondé de gouvernement. Mais chacun d'eux a le droit de *légitime défense*, et il n'est pas difficile de voir que c'est ce droit qui deviendra la base d'une *force commune légitime*. Si l'un de ces sauvages a consacré son temps, ses forces, son intelligence à se créer un arc et des flèches, et qu'un autre veuille les lui ravir, toutes les sympathies de la tribu seront pour la victime ; et si la cause est soumise au jugement des vieillards, le spoliateur sera infailliblement condamné. Il n'y a de là qu'un pas à organiser la force publique. Mais, je vous le demande, cette force a-t-elle pour mission, du moins pour mission légitime, de régulariser l'acte de celui qui défend, en vertu du droit, sa propriété, ou l'acte de celui qui viole, contre le droit, la propriété d'autrui ? Il serait assez singulier que la force collective fût fondée non sur le droit individuel, mais sur sa violation permanente et systématique ! Non, l'auteur du livre que j'ai sous les yeux ne peut soutenir une semblable thèse. Mais ce n'est pas tout qu'il ne la soutienne pas, il eût peut être dû la combattre. Ce n'est pas tout d'attaquer ce Communisme grossier et absurde que quelques sectaires posent dans des feuilles décriées. Il eût peut-être été bon de dévoiler et de flétrir cet autre Communisme audacieux et subtil qui, par la simple perversion de la juste idée des droits de l'État, s'est insinué dans quelques branches de notre législation et menace de les envahir toutes.

Car, Monsieur, il est bien incontestable que par le jeu des tarifs, au moyen du régime dit Protecteur, les gouvernements réalisent cette monstruosité dont je parlais tout à l'heure. Ils désertent ce droit de légitime défense préexistant dans chaque citoyen, source et raison d'être de leur propre mission, pour s'attribuer un prétendu droit de nivellement par voie de spoliation, droit qui ne résidant antérieurement en personne ne peut résider davantage dans la communauté.

Mais à quoi bon insister sur ces idées générales ? À quoi bon démontrer ici l'absurdité du Communisme, puisque vous l'avez fait vous-même (sauf quant à une de ses manifestations, et selon moi la plus pratiquement menaçante), beaucoup mieux que je ne saurais le faire ?

Peut-être me dites-vous que le principe du Régime Protecteur n'est pas en opposition avec le principe de la Propriété. Voyons donc les procédés de ce régime.

Il y en a deux : la prime et la restriction.

Quant à la prime, cela est évident. J'ose défier qui que ce soit de soutenir que le dernier terme du système des primes, poussé jusqu'au bout, ne soit pas le Communisme absolu. Les citoyens travaillent à l'abri de la force commune chargée, comme vous dites, de *garantir* à chacun le sien, *suum cuique*. Mais voici que l'État, avec les plus philanthropiques intentions du monde, entreprend une tâche toute nouvelle, toute différente, et, selon moi, non-seulement exclusive, mais destructive de la première. Il lui plaît de se faire juge des profits, de décider que tel travail n'est pas assez rémunéré, que tel autre l'est trop ; il lui plaît de se poser en *pondérateur* et de faire, comme dit M. Billault, osciller le pendule de la civilisation du côté opposé à la *liberté de l'individualisme*. En conséquence, il frappe sur la communauté tout entière une contribution pour faire un cadeau, sous le nom de primes, aux exportateurs d'une nature particulière de produits. Sa prétention est de favoriser l'industrie ; il devrait dire *une* industrie aux dépens de *toutes* les autres. Je ne m'arrêterai pas à montrer qu'il stimule la branche gourmande aux dépens des branches à fruits ; mais, je vous le demande, en entrant dans cette voie, n'autorise-t-il pas tout travailleur à venir réclamer une prime, s'il apporte la preuve qu'il ne gagne pas autant que son voisin ? L'État a-t-il pour mission d'écouter, d'apprécier toutes ces requêtes et d'y faire droit ? Je ne crois pas ; mais ceux qui le croient doivent avoir le courage de revêtir leur pensée de sa formule et de dire : Le gouvernement n'est pas chargé de garantir les propriétés, mais de les niveler. En d'autres termes : il n'y a pas de Propriété.

Je ne traite ici qu'une question de principe. Si je voulais scruter les primes à l'exportation dans leurs effets économiques, je les montrerais sous le jour le plus ridicule, car elles ne sont qu'un don gratuit fait par la France à l'étranger. Ce n'est pas le vendeur qui la reçoit, mais l'acheteur, en vertu de cette loi que vous avez vous-même constatée à propos de l'impôt : le consommateur, en définitive, supporte toutes les charges, comme il recueille tous les avantages de la production. Aussi, il nous est arrivé au sujet de ces primes la chose la plus mortifiante et la plus mystifiante possible. Quelques gouvernements étrangers ont fait ce raisonnement : « Si nous élevons nos droits d'entrée d'un chiffre égal à la prime payée par les contribuables français, il est clair que rien ne sera changé pour nos consommateurs, car le prix de revient sera pour eux le même. La marchandise dégrévée de 5 fr. à la frontière française paiera 5 fr. de plus à la frontière allemande ; c'est un moyen infaillible de mettre nos dépenses publiques à la charge du Trésor français. » Mais d'autres gouvernements, m'assure-t-on, ont été plus ingénieux encore. Ils se sont dit : « La prime donnée par la France est bien un cadeau qu'elle nous fait ; mais si nous élevons le droit, il n'y a pas de raison pour qu'il entre chez nous plus de cette marchandise que par le passé ; nous mettons nous-mêmes une borne à la générosité de ces excellents Français. Abolissons, au contraire, provisoirement ces droits ; provoquons ainsi une introduction inusitée de leurs draps, puisque chaque mètre porte avec lui un pur don gratuit. » Dans le premier cas, nos primes ont été au fisc étranger ; dans le second, elles ont profité, mais sur une plus large échelle, aux simples citoyens.

Passons à la restriction.

Je suis artisan, menuisier, par exemple. J'ai un petit atelier, des outils, quelques matériaux. Tout cela est incontestablement à moi, car j'ai fait ces choses, ou, ce qui revient au même, je les ai achetées et payées. De plus, j'ai des bras vigoureux, un peu d'intelligence et beaucoup de bonne volonté. C'est avec ce fonds que je dois pourvoir à mes besoins et à ceux de ma famille. Remarquez que je ne puis produire directement rien de ce qui m'est nécessaire, ni fer, ni bois, ni pain, ni vin, ni viandes, ni étoffes, etc., mais j'en puis produire la *valeur*. En définitive, ces choses doivent, pour ainsi dire, sortir, sous une autre forme, de ma scie et de mon rabot. Mon intérêt est d'en recevoir honnêtement la plus grande quantité possible contre chaque quantité donnée de mon travail. Je dis honnêtement, car je ne désire violer la propriété et la liberté de personne. Mais Je voudrais bien qu'on ne violât pas non plus ma propriété ni ma liberté. Les autres travailleurs et moi, d'accord sur ce point, nous nous imposons des sacrifices, nous cédons une partie de notre travail à des hommes appelés *fonctionnaires*, parce que nous leur donnons la *fonction* spéciale de garantir notre travail et ses fruits de toute atteinte, qu'elle vienne du dehors ou du dedans.

Les choses ainsi arrangées, je m'apprête à mettre en activité mon intelligence, mes bras, ma scie et mon rabot. Naturellement j'ai toujours les yeux fixés sur les choses qui sont nécessaires à mon existence. Ce sont ces choses que je dois produire indirectement en en créant la *valeur*. Le problème est pour moi de les produire le plus avantageusement possible. En conséquence, je jette un coup d'œil sur le monde des *valeurs*, résumé dans ce qu'on appelle un prix courant. Je constate, d'après les données de ce prix courant, que le moyen pour moi d'avoir la plus grande quantité possible de combustible, par exemple, avec la plus petite quantité possible de travail, c'est de faire un meuble, de le livrer à un Belge, qui me donnera en retour de la houille.

Mais il y a en France un travailleur qui cherche de la houille dans les entrailles de la terre. Or, il est arrivé que les fonctionnaires, que le mineur et moi *contribuons* à payer pour maintenir à chacun de nous la liberté du travail, et la libre disposition de ses produits (ce qui est la Propriété), il est arrivé, dis-je, que ces fonctionnaires ont conçu une autre pensée, et se sont donné une autre mission. Ils se sont mis en tête qu'ils devaient *pondérer* mon travail et celui du mineur. En conséquence, ils m'ont défendu de me chauffer avec du combustible belge, et quand je vais à la frontière avec mon meuble pour recevoir la houille, je trouve que ces fonctionnaires empêchent la houille d'entrer, ce qui revient au même que s'ils empêchaient mon meuble de sortir. Je me dis alors : Si nous n'avions pas imaginé de payer des fonctionnaires afin de nous épargner le soin de défendre nous-mêmes notre propriété, le mineur aurait-il eu le droit d'aller à la frontière m'interdire un échange avantageux, sous le prétexte qu'il vaut mieux pour lui que cet échange ne s'accomplisse pas ? Assurément non. S'il avait fait une tentative aussi injuste, nous nous serions battus sur place, lui, poussé par son injuste prétention, moi, fort de mon droit de légitime défense. Nous avions nommé et nous payions un fonctionnaire précisément pour éviter de tels combats. Comment donc se fait-il que je trouve le mineur et le fonctionnaire d'accord pour restreindre ma liberté et mon industrie, pour rétrécir le cercle où mes facultés pourront s'exercer ? Si le fonctionnaire avait pris mon parti, je concevrais son droit ; il dériverait du mien, car la légitime défense est bien un droit. Mais où a-t-il puisé celui d'aider le mineur dans son injustice ? J'apprends alors que le fonctionnaire a changé de rôle. Ce n'est plus un simple mortel investi de droits à lui délégués par d'autres hommes qui, par conséquent, les possédaient. Non. Il est un être supérieur à l'humanité, puisant ses droits en lui même, et parmi ses droits, il s'arroge celui de pondérer les profits, de tenir l'équilibre entre toutes les positions et conditions. C'est fort bien, dis-je, en ce cas, je vais l'accabler de réclamations et de requêtes, tant que je verrai un homme plus riche que moi sur la surface du pays. Il ne vous écoutera pas, m'est-il répondu, car s'il vous écoutait il serait Communiste, et il se garde bien d'oublier que sa mission est de *garantir* les propriétés, non de les niveler.

Quel désordre, quelle confusion dans les faits ! et comment voulez-vous qu'il n'en résulte pas du désordre et de la confusion dans les idées ? Vous avez beau combattre le Communisme, tant qu'on vous verra le ménager, le choyer, le caresser dans cette partie de la législation qu'il a envahie, vos efforts seront vains. C'est un serpent qui, avec votre approbation, par vos soins, a glissé sa tête dans nos lois et dans nos mœurs, et maintenant vous vous indignez de ce que la queue s'y montre à son tour !

Il est possible, Monsieur, que vous me fassiez une concession ; vous me direz, peut-être : Le régime protecteur repose sur le principe communiste. Il est contraire au droit, à la propriété, à la liberté ; il jette le gouvernement hors de sa voie et l'investit d'attributions arbitraires qui n'ont pas d'origine rationnelle. Tout cela n'est que trop vrai ; mais le régime protecteur est *utile* ; sans lui le pays, succombant sous la concurrence étrangère, serait ruiné.

Ceci nous conduirait à examiner la restriction au point du vue économique. Mettant de côté toute considération de justice, de droit, d'équité, de propriété, de liberté, nous aurions à résoudre la question de pure utilité, la question vénale, pour ainsi parler, et vous conviendrez que cela n'est pas mon sujet. Prenez garde d'ailleurs qu'en vous prévalant de l'utilité pour justifier le mépris du droit, c'est comme si vous disiez : « Le Communisme, ou la spoliation, condamné par la justice, peut néanmoins être admis comme expédient. » Et convenez qu'un tel aveu est plein de dangers.

Sans chercher à résoudre ici le problème économique, permettez-moi une assertion. J'affirme que j'ai soumis au calcul arithmétique les avantages et les inconvénients de la protection au point de vue de la seule richesse, et toute considération d'un ordre supérieur mise de côté. J'affirme, en outre, que je suis arrivé à ce résultat : que toute mesure restrictive produit un avantage et deux inconvénients, ou, si vous voulez, un profit et deux pertes, chacune de ces pertes égale au profit, d'où il résulte une perte sèche, définitive, laquelle vient rendre ce consolant témoignage qu'en ceci, comme en bien d'autres choses, et j'ose dire en tout, Utilité et Justice concordent.

Ceci n'est qu'une affirmation, c'est vrai ; mais on peut l'appuyer de preuves mathématiques.

Ce qui fait que l'opinion publique s'égare sur ce point, c'est que le Profit de la protection est visible à l'œil nu, tandis que des deux Pertes égales qu'elle entraîne, l'une se divise à l'infini entre tous les citoyens, et l'autre ne se montre qu'à l'œil investigateur de l'esprit.

Sans prétendre faire ici cette démonstration, qu'il me soit permis d'en indiquer la base.

Deux produits, A et B, ont en France une valeur normale de 50 et

40. Admettons que A ne vaille en Belgique que 40. Ceci posé, si la France est soumise au régime restrictif, elle aura la jouissance de A et de B en détournant de l'ensemble de ses efforts une quantité égale à 90, car elle sera réduite à produire A directement. Si elle est libre, cette somme d'efforts, égale à 90, fera face : 1° à la production de B qu'elle livrera à la Belgique pour en obtenir A ; 2° la production d'un autre B pour elle-même ; 3° à la production de C.

C'est cette portion de travail disponible appliqué à la production de C dans le second cas, c'est-à-dire créant une nouvelle richesse égale à 10, sans que pour cela la France soit privée ni de A ni de B, qui fait toute la difficulté. À la place de A, mettez du fer ; à la place de B, du vin, de la soie, des articles Paris ; à la place de C, mettez de la richesse absente, vous trouverez toujours que la Restriction restreint le bien-être national[6].

Voulez-vous que nous sortions de cette pesante algèbre ? je le veux bien. Vous ne nierez pas que si le régime prohibitif est parvenu à faire quelque bien à l'industrie houillère ce n'est qu'en élevant le prix de la houille. Vous ne nierez pas non plus que cet excédant de prix, depuis 1822 jusqu'à nos jours, n'ait occasionné une dépense supérieure, pour chaque satisfaction déterminée, à tous ceux qui emploient ce combustible, en d'autres termes, qu'il ne représente une *perte*. Peut-on dire que les producteurs de houille, outre l'intérêt de leurs capitaux et les profits ordinaires de l'industrie, ont recueilli, par le fait de la restriction, un *extra-bénéfice* équivalent à cette perte ? Il le faudrait pour que la protection, sans cesser d'être injuste, odieuse, spoliatrice et communiste, fût au moins *neutre* au point de vue purement économique. Il le faudrait pour qu'elle méritât d'être assimilée à la simple Spoliation qui déplace la richesse sans la détruire. Mais vous affirmez vous-même, page 236, « que les mines de l'Aveyron, d'Alais, de Saint-Etienne, du Creuzot, d'Anzin, les plus célèbres de toutes, n'ont pas produit un revenu de 4 p. 100 du capital engagé ! » Pour qu'un capital en France donne 4 p. 100, il n'a pas besoin de protection. Où est donc ici le profit à opposer à la perte signalée ?

Ce n'est pas tout. Il y a là une autre perte nationale. Puisque, par le renchérissement relatif du combustible, tous les consommateurs de houille ont perdu, ils ont dû restreindre proportionnellement leurs autres consommations, et l'ensemble du travail national a été nécessairement découragé dans cette mesure. C'est cette perte qu'on ne fait jamais entrer en ligne de compte, parce qu'elle ne frappe pas les regards.

Permettez-moi encore une observation dont je suis surpris qu'on ne se soit pas plus frappé. C'est que la protection appliquée aux produits agricoles se montre dans toute son odieuse iniquité à l'égard de ce qu'on nomme les Prolétaires, tout en nuisant, à la longue, aux propriétaires fonciers eux-mêmes.

Imaginons dans les mers du Sud une île dont le sol soit devenu la propriété privée d'un certain nombre d'habitants.

Imaginons, sur ce territoire approprié et borné, une population prolétaire toujours croissante ou tendant à s'accroître[7].

Cette dernière classe ne pourra rien produire *directement* de ce qui est indispensable à la vie. Il faudra qu'elle livre son travail à des hommes qui soient en mesure de lui fournir en échange des aliments, et même des matériaux de travail ; des céréales, des fruits, des légumes, de la viande, de la laine, du lin, du cuir, du bois, etc.

Son intérêt évident est que le marché où se vendent ces choses soit le plus étendu possible. Plus elle se trouvera en présence d'une plus grande abondance de ces produits agricoles, plus elle en recevra pour chaque quantité donnée de son propre travail.

Sous un régime libre, on verra une foule d'embarcations aller chercher des aliments et des matériaux dans les îles et les continents voisins, et y porter en paiement des produits façonnés. Les propriétaires jouiront de toute la prospérité à laquelle ils ont droit de prétendre ; un juste équilibre sera maintenu entre la valeur du travail industriel et celle du travail agricole.

Mais, dans cette situation, les propriétaires de l'île font ce calcul : Si nous empêchions les prolétaires de travailler pour les étrangers et d'en recevoir en échange des subsistances et des matières premières, ils seraient bien forcés de s'adresser à nous. Comme leur nombre croît sans cesse, et que la concurrence qu'ils se font entre eux est toujours plus active, ils se presseraient sur cette portion d'aliments et de matériaux qu'il nous resterait à exposer en vente, après avoir prélevé ce qui nous est nécessaire, et nous ne pourrions manquer de vendre nos produits à très-haut prix. En d'autres termes, l'équilibre serait rompu dans la valeur relative de leur travail et du nôtre. Ils consacreraient à nos satisfactions un plus grand nombre d'heures de labeur. Faisons donc une loi prohibitive de ce commerce qui nous gêne, et, pour l'exécution de cette loi, créons un corps de fonctionnaires que les prolétaires contribueront avec nous à payer.

Je vous le demande, ne serait-ce pas le comble de l'oppression, une violation flagrante de la plus précieuse de toutes les Libertés, de la première et de la plus sacrée de toutes les Propriétés ?

Cependant, remarquez-le bien, il ne serait peut-être pas difficile aux propriétaires fonciers de faire accepter cette loi comme un bienfait par les travailleurs. Ils ne manqueraient pas de leur dire :

« Ce n'est pas pour nous, honnêtes créatures, que nous l'avons faite, mais pour vous. Notre intérêt nous touche peu, nous ne pensons qu'au vôtre. Grâce à cette sage mesure, l'agriculture va prospérer ; nous, propriétaires, nous deviendrons riches, ce qui nous mettra à même de vous faire beaucoup travailler, et de vous payer de bons salaires. Sans elle nous serions réduits à la misère, et que deviendriez-vous ? L'île serait inondée de subsistances et de matériaux de travail venus du dehors, vos barques seraient toujours à la mer ; quelle calamité nationale ! L'abondance, il est vrai, régnerait autour de vous, mais y prendriez-vous part ? Ne dites pas que vos salaires se maintiendraient et s'élèveraient parce que les étrangers ne feraient qu'augmenter le nombre de ceux qui vous commandent du travail. Qui vous assure qu'il ne leur prendra pas fantaisie de vous livrer leurs produits pour rien ? En ce cas, n'ayant plus ni travail ni salaire, vous périrez d'inanition au milieu de l'abondance. Croyez-nous, acceptez notre loi avec reconnaissance. Croissez et multipliez ; ce qu'il restera de vivres dans l'île au delà de notre consommation, vous sera livré contre votre travail, qui, par ce moyen, vous sera toujours assuré. Surtout gardez-vous de croire qu'il s'agit ici d'un débat entre vous et nous, dans lequel votre liberté et votre propriété sont en jeu. N'écoutez jamais ceux qui vous le disent. Tenez pour certain que le débat est entre vous et l'étranger, ce barbare étranger, que Dieu maudisse, et qui veut évidemment vous exploiter en vous offrant des transactions perfides, que vous êtes libres d'accepter ou de repousser. »

Il n'est pas invraisemblable qu'un pareil discours, convenablement assaisonné de sophismes sur le numéraire, la balance du commerce, le travail national, l'agriculture nourricière de l'État, la perspective d'une guerre, etc., etc., n'obtînt le plus grand succès, et ne fît sanctionner le décret oppresseur par les opprimés eux-mêmes, s'ils étaient consultés. Cela s'est vu et se verra.

Mais les préventions des propriétaires et des prolétaires ne changent pas la nature des choses. Le résultat sera une population misérable, affamée, ignorante, pervertie, moissonnée par l'inanition, la maladie et le vice. Le résultat sera encore le triste naufrage, dans les intelligences, des notions du Droit, de la Propriété, de la Liberté et des vraies attributions de l'État.

Et ce que je voudrais bien pouvoir démontrer ici, c'est que le châtiment remontera bientôt aux propriétaires eux-mêmes, qui auront préparé leur propre ruine par la ruine du public consommateur ; car, dans cette île, on verra la population, de plus en plus abaissée, se jeter sur les aliments les plus inférieurs. Ici elle se nourrira de châtaignes, là de maïs, plus loin de millet, de sarrasin, d'avoine, de pommes de terre. Elle ne connaîtra plus le goût du blé et de la viande. Les propriétaires seront tout étonnés de voir l'agriculture décliner. Ils auront beau s'agiter, se réunir en comices, y ressasser éternellement le fameux adage : « Faisons des fourrages ; avec des fourrages, on a des bestiaux ; avec des bestiaux, des engrais ; avec des engrais, du blé. » Ils auront beau créer de nouveaux impôts pour distribuer des primes aux producteurs de trèfle et de luzerne ; ils se briseront toujours contre cet obstacle : une population misérable hors d'état de payer la viande, et, par conséquent, de donner le premier mouvement à cette triviale rotation. Ils finiront par apprendre, à leurs dépens, que mieux vaut subir la concurrence, en face d'une clientèle riche, que d'être investi d'un monopole en présence d'une clientèle ruinée.

Voilà pourquoi je dis : non-seulement la prohibition c'est du Communisme, mais c'est du Communisme de la pire espèce. Il commence par mettre les facultés et le travail du pauvre, sa seule Propriété, à la discrétion du riche : il entraîne une perte sèche pour la masse, et finit par envelopper le riche lui-même dans la ruine commune. Il investit l'État du singulier droit de prendre à ceux qui ont peu pour donner à ceux qui ont beaucoup ; et quand, en vertu de ce principe, les déshérités du monde invoqueront l'intervention de l'État pour opérer un nivellement en sens inverse, je ne sais vraiment pas ce qu'il y aura à leur répondre. En tout cas, la première réponse, et la meilleure, serait de renoncer à l'oppression.

Mais j'ai hâte d'en finir avec ces calculs. Après tout, quelle est la position du débat ? Que disons-nous et que dites-vous ? Il y a un point, et c'est le point capital, sur lequel nous sommes d'accord : c'est que l'intervention du législateur pour niveler les fortunes en prenant aux uns de quoi gratifier les autres, c'est du *communisme*, c'est la mort de tout travail, de toute épargne, de tout bien-être, de toute justice, de toute société.

Vous vous apercevez que cette doctrine funeste envahit sous toutes les formes les journaux et les livres, en un mot le domaine de la spéculation, et vous l'y attaquez avec vigueur.

Moi, je crois reconnaître qu'elle avait précédemment pénétré, avec votre assentiment et votre assistance, dans la législation et dans le domaine de la pratique, et c'est là que je m'efforce de la combattre.

Ensuite, je vous fais remarquer l'inconséquence où vous tomberiez si, combattant le Communisme en perspective, vous ménagiez, bien plus, vous encouragiez le Communisme en action.

Si vous me répondez : « J'agis ainsi parce que le Communisme réalisé par les tarifs, quoique opposé à la Liberté, à la Propriété, à la Justice, est néanmoins d'accord avec l'Utilité générale, et cette considération me fait passer par-dessus toutes les autres ; » si vous me répondez cela, ne sentez-vous pas que vous ruinez d'avance tout le succès de votre livre, que vous en détruisez la portée, que vous le privez de sa force et donnez raison, au moins sur la partie philosophique et morale de la question, aux communistes de toutes les nuances ?

Et puis, Monsieur, un esprit aussi éclairé que le vôtre pourrait-il admettre l'hypothèse d'un antagonisme radical entre l'Utile et le Juste ? Voulez-vous que je parle franchement ? Plutôt que de hasarder une assertion aussi subversive, aussi impie, j'aimerais mieux dire : « Voici une question spéciale dans laquelle, au premier coup d'œil, il me semble que l'Utilité et la Justice se heurtent. Je me réjouis que tous les hommes qui ont passé leur vie à l'approfondir en jugent autrement ; je ne l'ai sans doute pas assez étudiée. » Je ne l'ai pas assez étudiée ! Est-ce donc un aveu si pénible que, pour ne pas le faire, on se jette dans l'inconséquence jusqu'à nier la sagesse des lois providentielles qui président au développement des sociétés humaines ? Car quelle plus formelle négation de la Sagesse Divine que de décider l'incompatibilité essentielle de la Justice et de l'Utilité ! Il m'a toujours paru que la plus cruelle angoisse dont un esprit intelligent et consciencieux puisse être affligé, c'est de trébucher à cette borne. De quel côté se mettre, en effet, quel parti prendre en face d'une telle alternative ? Se prononcera-t-on pour l'Utilité ? c'est à quoi inclinent les hommes qui se disent pratiques. Mais à moins qu'ils ne sachent pas lier deux idées, ils s'effraieront sans doute devant les conséquences de la spoliation et de l'iniquité réduites en système. Embrassera-t-on résolûment, et quoi qu'il en coûte, la cause de la Justice, disant : Fais ce que dois, advienne que pourra ? C'est à quoi penchent les âmes honnêtes ; mais qui voudrait prendre la responsabilité de plonger son pays et l'humanité dans la misère, la désolation et la mort ? Je défie qui que ce soit, s'il est convaincu de cet antagonisme, de se décider.

Je me trompe. On se décidera, et le cœur humain est ainsi fait qu'on mettra l'intérêt avant la conscience. C'est ce que le fait démontre, puisque partout où l'on a cru le régime protecteur favorable au bien-être du peuple, on l'a adopté, en dépit de toute considération de justice ; mais alors les conséquences sont arrivées. La foi dans la propriété s'est effacée. On a dit comme M. Billault : Puisque la propriété a été violée par la Protection, pourquoi ne le serait-elle pas par le droit au travail ? D'autres, derrière M. Billault, feront un troisième pas, et d'autres, derrière ceux-là, un quatrième, jusqu'à ce que le Communisme ait prévalu[8].

De bons et solides esprits, comme le vôtre, s'épouvantent devant la rapidité de cette pente. Ils s'efforcent de la remonter ; ils la remontent, en effet, ainsi que vous l'avez fait dans votre livre, jusqu'au régime restrictif, qui est le premier élan et le seul élan pratique de la société sur la déclivité fatale ; mais en présence de cette négation vivante du droit de propriété, si, à la place de cette maxime de votre livre : « Les droits sont ou ne sont pas ; s'ils sont, ils entraînent des conséquences absolues, » vous substituez celle-ci : « Voici un cas particulier où le bien national exige le sacrifice du droit ; » à l'instant, tout ce que vous avez cru mettre de force et de raison dans cet ouvrage, n'est que faiblesse et inconséquence.

Frédéric Bastiat

C'est pourquoi, Monsieur, si vous voulez achever votre œuvre, il faut que vous vous prononciez sur le régime restrictif, et pour cela il est indispensable de commencer par résoudre le problème économique ; il faut bien être fixé sur la prétendue Utilité de ce régime. Car, à supposer même que j'obtinsse de vous son arrêt de condamnation, au point de vue de la Justice, cela ne suffirait pas pour le tuer. Je le répète, les hommes sont ainsi faits que lorsqu'ils se croient placés entre le *bien réel* et le *juste abstrait* la cause de la justice court un grand danger. En voulez-vous une preuve palpable ? C'est ce qui m'est survenu à moi-même.

Quand j'arrivai à Paris, je me trouvai en présence d'écoles dites démocratiques et socialistes, où, comme vous savez, on fait grand usage des mots *principe, dévouement, sacrifice, fraternité, droit, union.* La richesse y est traitée de haut en bas, comme chose sinon méprisable, du moins secondaire ; jusque-là que, parce que nous en tenons grand compte, on nous y traite, nous, de froids économistes, d'égoïstes, d'individualistes, de bourgeois, d'hommes sans entrailles, ne reconnaissant pour Dieu que le vil intérêt[9]. Bon, me dis-je, voilà de nobles cœurs avec lesquels je n'ai pas besoin de discuter le point de vue économique, qui est fort subtil et exige plus d'application que les publicistes parisiens n'en peuvent, en général, accorder à une étude de ce genre. Mais, avec ceux-ci, la question d'Intérêt ne saurait être un obstacle ; ou ils le croiront, sur la foi de la Sagesse Divine, en harmonie avec la justice, ou ils le sacrifieront de grand cœur, car ils ont soif de Dévouement. Si donc ils m'accordent une fois que le Libre-Échange, c'est le droit abstrait, ils s'enrôleront résolûment sous sa bannière. En conséquence, je leur adressai mon appel. Savez-vous ce qu'ils me répondirent ? Le voici :

Votre Libre-Échange est une belle utopie. Il est fondé en droit et en justice ; il réalise la liberté ; il consacre la propriété ; il aurait pour conséquence l'union des peuples, le règne de la fraternité parmi les hommes. Vous avez mille fois raison en principe, mais nous vous combattrons à outrance et par tous les moyens, parce que la concurrence étrangère serait fatale au travail national.

Je pris la liberté de leur adresser cette réponse :

Je nie que la concurrence étrangère fût fatale au travail national.

En tout cas, s'il en était ainsi, vous seriez placés entre l'Intérêt qui, selon vous, est du côté de la restriction, et la Justice qui, de votre aveu, est du côté de la liberté ! Or, quand moi, l'adorateur du veau d'or, je vous mets en demeure de faire votre choix, d'où vient que vous, les hommes de l'abnégation, vous foulez aux pieds les principes pour vous cramponner à l'intérêt ? Ne déclamez donc pas tant contre un mobile qui vous gouverne, comme il gouverne les simples mortels.

Cette expérience m'avertit qu'il fallait avant tout résoudre cet effrayant problème : Y a-t-il harmonie ou antagonisme entre la Justice et l'Utilité ? et, par conséquent, scruter le côté économique du régime restrictif ; car, puisque les Fraternitaires eux-mêmes lâchaient pied devant une prétendue *perte d'argent*, il devenait clair que ce n'est pas tout de mettre à l'abri du doute la cause de la Justice Universelle, il faut encore donner satisfaction à ce mobile indigne, abject, méprisable et méprisé, mais tout-puissant, l'Intérêt.

C'est ce qui a donné lieu à une petite démonstration en deux volumes, que je prends la liberté de vous envoyer avec la présente[10], bien convaincu, Monsieur, que si, comme les économistes, vous jugez sévèrement le régime protecteur, quant à sa moralité, et si nous ne différons qu'en ce qui concerne son utilité, vous ne refuserez pas de rechercher avec quelque soin, si ces deux grands éléments de la solution définitive s'excluent ou concordent.

Cette harmonie existe, ou du moins elle est aussi évidente pour moi que la lumière du soleil. Puisse-t-elle se révéler à vous ! C'est alors qu'appliquant votre talent éminemment propagateur à combattre le Communisme dans sa manifestation la plus dangereuse, vous lui porteriez un coup mortel.

Voyez ce qui se passe en Angleterre. Il semble que si le Communisme avait dû trouver quelque part une terre qui lui fût favorable, ce devait être le sol britannique. Là les institutions féodales plaçant partout, en face l'une de l'autre, l'extrême misère et l'extrême opulence, avaient dû préparer les esprits à l'infection des fausses doctrines. Et pourtant que voyons-nous ? Pendant qu'elles bouleversent le continent, elles n'ont pas seulement troublé la surface de la société anglaise. Le Chartisme n'a pas pu y prendre racine. Savez-vous pourquoi ? Parce que l'association qui, pendant dix ans, a discuté le régime protecteur n'en a triomphé qu'en jetant de vives lumières sur le principe de la Propriété et sur les fonctions rationnelles de l'État[11].

Sans doute, si démasquer le Prohibitionisme c'est atteindre le Communisme, par la même raison, et à cause de leur étroite connexité, on peut aussi les frapper tous deux en suivant, comme vous avez fait, la marche inverse. La restriction ne saurait résister longtemps devant une bonne définition du Droit de Propriété. Aussi, si quelque chose m'a surpris et réjoui, c'est de voir l'association pour la défense des monopoles consacrer ses ressources à propager votre livre. C'est un spectacle des plus piquants, et il me console de l'inutilité de mes efforts passés. Cette résolution du comité Mimerel vous obligera sans doute à multiplier les éditions de votre ouvrage. En ce cas, permettez-moi de vous faire observer que, tel qu'il est, il présente une grave lacune. Au nom de la science, au nom de la vérité, au nom du bien public, je vous adjure de la combler, et vous mets en demeure de répondre à ces deux questions :

1° Y a-t-il incompatibilité, en principe, entre le régime protecteur et le droit de propriété ?

2° La fonction du gouvernement est-elle de garantir à chacun le libre exercice de ses facultés et la libre disposition du fruit de son travail, c'est-à-dire la Propriété, ou bien de prendre aux uns pour donner aux autres, de manière à pondérer les profits, les chances et le bien-être ?

Ah ! Monsieur, si vous arriviez aux mêmes conclusions que moi ; si, grâce à votre talent, à votre renommée, à votre influence, vous faisiez prévaloir ces conclusions dans l'opinion publique, qui peut calculer l'étendue du service que vous rendriez à la société française ? On verrait l'État se renfermer dans sa mission, qui est de garantir à chacun l'exercice de ses facultés et la libre disposition de ses biens. On le verrait se décharger à la fois et de ses colossales attributions illégitimes et de l'effrayante responsabilité qui s'y attache. Il se bornerait à réprimer les abus de la liberté, ce qui est réaliser la liberté même. Il assurerait la justice à tous, et ne promettrait plus la fortune à personne. Les citoyens apprendraient à distinguer ce qu'il est raisonnable et ce qu'il est puéril de lui demander. Ils ne l'accableraient plus de prétentions et d'exigences ; ils ne l'accuseraient plus de leurs maux ; ils ne fonderaient plus sur lui des espérances chimériques ; et, dans cette ardente poursuite d'un bien dont il n'est pas le dispensateur, on ne les verrait pas, à chaque déception, accuser le législateur et la loi, changer les hommes et les formes du gouvernement, entasser institutions sur institutions et débris sur débris. On verrait s'éteindre cette universelle fièvre de spoliation réciproque par l'intervention si coûteuse et si périlleuse de l'État. Le gouvernement, limité dans son but et sa responsabilité, simple dans son action, peu dispendieux, ne faisant plus peser sur les gouvernés les frais de leurs propres chaînes, soutenu par le bon sens public, aurait une solidité qui, dans notre pays, n'a jamais été son partage, et nous aurions enfin résolu ce grand problème : *Fermer à jamais l'abîme des révolutions.*

Notes

1.   Au moment où parut cet opuscule, c'est-à-dire en janvier 1849, M. Thiers était fort en crédit à l'Élysée.(Note de l'éditeur.)

2.   Voy., au tome Ier, les lettres adressées à M. de Lamartine en janvier 1845 et octobre 1846, et, au tome II, l'article Communisme, du 27 juin 1847.(Note de l'éditeur.)

3.   Voy., au tome II, l'article Libre-Échange, du 20 décembre 1846.(Note de l'éditeur.)

4.   Cette pensée par laquelle, suivant l'auteur, M. Billault pouvait fortifier son argumentation, un autre protectioniste devait l'adopter bientôt. Elle fut développée par M. Mimerel, dans un discours prononcé le 27 avril 1850, devant le conseil général de l'agriculture, des manufactures et du commerce. Voy. le passage de ce discours cité au tome V, dans l'opuscule Spoliation et Loi.(Note de l'éditeur.)

5.   Voy., au présent volume, page 94, le chap. XVIII des Sophismes. Voy. aussi les p. 101 et 102.(Note de l'éditeur.)

6.   Voy., au tome II, les articles Un profit contre deux pertes, Deux pertes contre un profit

7.   Voy., au présent tome, la 3e lettre de l'opuscule Propriété et

Spoliation, p. 407 et suiv.(Note de l'éditeur.)

8.   Voy., au tome V, les dernières pages du pamphlet intitulé Spoliation et Loi. (Note de l'éditeur.)

9.   Voy. au tome II, la plupart des articles compris sous cette rubrique : Polémique contre les journaux, et notamment l'article intitulé : Le Parti démocratique et le Libre-Échange. (Note de l'éditeur.)

10.   Ces deux petits volumes, que l'auteur envoya en effet à M. Thiers, étaient la première et la seconde série des Sophismes.(Note de l'éditeur.)

11.   Voy. au tome II, l'introduction.

ISBN : 978-1544882369

www.ingramcontent.com/pod-product-compliance
Lightning Source LLC
Chambersburg PA
CBHW061451180526
45170CB00004B/1653